OBSERVATIONS

SUR

LA VENTE

DES 23,114,516 FRANCS DE RENTES

QUI APPARTIENNENT AU TRÉSOR ROYAL.

IMPRIMERIE DE GUIRAUDET.

OBSERVATIONS

SUR

LA VENTE

DES 23,114,516 FRANCS DE RENTES

QUI APPARTIENNENT AU TRÉSOR ROYAL,

PAR ARMAND SÉGUIN.

SEPTIÈME ÉDITION.

PARIS,

GUIRAUDET ET GALLAY, IMPRIMEUR ET LIBRAIRE,

RUE SAINT-HONORÉ, N° 515.

JUIN 1823.

OBSERVATIONS

SUR

LA VENTE

DES 23,114,516 FRANCS DE RENTES

QUI APPARTIENNENT AU TRÉSOR ROYAL.

BUT DE CET ÉCRIT.

LA négociation des 23,114,516 francs de rentes qui appartiennent au Trésor royal dépassant, par son importance, toutes celles qui ont eu lieu depuis la restauration, fait naître le besoin d'en apprécier, aussi généralement que possible, les détails et les résultats.

C'est dans ce but que je rédige cet écrit.

Je me bornerai à des expositions.

Chacun, dans son intérêt ou dans ses sensations, en pourra déduire les conséquences.

BASES DE LA NÉGOCIATION.

L'ordonnance du Roi, du 4 juin dernier, est ainsi conçue :

Ordonnance du Roi, du 4 juin.

« LOUIS, etc.

« Art. 1er. Notre ministre secrétaire d'État des finan-
« ces est autorisé, en se conformant aux dispositions de

« l'art. 4 de la loi du 17 août 1822, et de l'art. 3 de la
« loi du 17 mars 1823, à procéder à la vente, avec pu-
« blicité et concurrence, et sur soumissions cachetées,
« à la compagnie qui offrira le prix le plus élevé, de
« vingt-trois millions cent quatorze mille cinq cent
« seize francs (23,114,516 fr.) de rentes cinq pour cent
« consolidés, appartenant au Trésor royal et provenant,
« savoir :

« 1° De la portion disponible du crédit de 3,884,528 fr.
« créé par la loi du 8 mars 1821, et affecté au paiement
« du premier cinquième de l'arriéré. .   2,589,552 fr.

« 2° Du crédit ouvert par la loi du
« 1ᵉʳ mai 1822, pour le remboursement
« du deuxième cinquième de l'arriéré.   3,418,958.

« 3° Du crédit accordé par la loi du
« 17 août 1822, pour complément des
« deux premiers cinquièmes de l'arriéré.   1,159,653.

« 4° Du second crédit accordé par la
« même loi, pour le remboursement des
« trois derniers cinquièmes de l'arriéré.   11,966,353.

« 5° Du crédit ouvert, par la loi du
« 17 mars dernier, pour les dépenses ex-
« traordinaires et urgentes de l'exercice
« 1823. . . . .   4,000,000.

« Total. . . .   23,114,516 fr.

« 2. Notre ministre secrétaire d'État des finances est
« chargé de l'exécution de la présente ordonnance, qui
« sera insérée au Bulletin des lois.

« Donné au château des Tuileries, le 4 juin de l'an
« de grâce 1823, et de notre règne le vingt-huitième.

« Signé, LOUIS.

« Par le Roi,

« Le ministre secrétaire d'État des finances,

« Signé, Jh. DE VILLÈLE. »

A la suite de cette ordonnance est une annonce de
S. Ex. le ministre des finances, conçue en ces termes :

MINISTÈRE DES FINANCES.

*Annonce d'une vente de 23,114,516 fr. de rentes
cinq pour cent consolidés* (jouissance du 22 septembre 1823).

« Le ministre secrétaire d'Etat des finances, en exé-
« cution de l'ordonnance royale de ce jour, arrête ce
« qui suit :

« Art. 1er. Le jeudi 10 juillet 1823, à quatre heures
« après midi, il sera procédé, au ministère des finances,
« en séance publique, à la vente et adjudication, sur
« soumissions cachetées, en un seul lot et au plus offrant,
« de 23,114,516 fr. de rentes cinq pour cent consolidés,
« aux conditions et suivant les formes ci-après :

« 2. La compagnie adjudicataire jouira des arrérages
« des 23,114,516 fr. de rentes vendues, à partir du se-
« mestre commençant le 22 septembre 1823.

« 3. Le paiement du prix des rentes aura lieu par
« vingtième, de mois en mois ; le premier paiement,
« le 8 août 1823 ; et le dernier, le 8 mars 1825.

« 4. Au jour fixé pour la réception des soumissions,

« le ministre des finances ouvrira la séance en déposant
« sur le bureau un paquet cacheté, renfermant la décla-
« ration, signée de lui, du *minimum* du prix auquel il
« consent à la vente et à l'adjudication des rentes. Cette
« déclaration ne sera ouverte que dans le cas où aucune
« soumission n'aurait atteint le *minimum* fixé par le
« ministre.

« 5. Les soumissions seront reçues cachetées des mains
« des soumissionnaires, numérotées de suite et arrangées
« sur le bureau pour être ouvertes en leur présence,
« sans déplacement; le tout publiquement et séance
« tenante. Les soumissions une fois déposées ne pour-
« ront être retirées.

« 6. Toute soumission, pour être valable, devra,
« 1° être conforme au modèle ci-joint A ; 2° avoir été
« précédée d'un dépôt de garantie dont il sera justifié
« par la production d'un récépissé de la caisse des dé-
« pôts et consignations, conforme au modèle ci-joint B,
« lequel devra être annexé à la soumission. Le prix offert
« devra être exprimé positivement, dans les soumissions,
« en francs et en centimes, sans stipulation d'aucune
« autre condition éventuelle.

« 7. Le dépôt de garantie de chaque soumission ne
« pourra être moindre que le montant d'un semestre de
« rentes à vendre, soit 11,557,268 fr. Cette somme
« pourra être déposée en numéraire ou en inscriptions
« de rentes calculées au pair, reconnaissances de liqui-
« dation, annuités ou bons royaux, avec transfert, au
« profit de la caisse, de celles de ces valeurs qui seront
« nominatives ou à ordre. Les dépôts pour garantie de

« soumissions non acceptées seront rendus le lendemain
« de l'adjudication.

« 8. La réception des soumissions étant terminée, le
« ministre des finances procédera à leur ouverture,
« par ordre de numéros, et à la lecture publique des-
« dites soumissions.

« 9. Les 25,114,516 fr. de rentes seront adjugés à la
« compagnie qui aura fait la soumission au prix le plus
« élevé, et à défaut de validité, à la soumission suivante
« dans l'ordre des prix. Le ministre des finances pronon-
« cera publiquement et séance tenante; il sera seul juge
« de la validité des soumissions.

« 10. Dans le cas de deux ou de plusieurs soumissions
« à prix égal, si les compagnies ne déclarent pas immé-
« diatement se réunir, l'enchère serait, séance tenante,
« rouverte entre elles, soit publiquement, soit par sou-
« missions cachetées, si l'une d'elles le demandait.

« 11. Dans les dix jours de l'adjudication, la compa-
« gnie adjudicataire devra porter le dépôt de garantie à
« *vingt-cinq millions*. Si le dépôt n'est pas complété au
« plus tard dans la journée du 21 juillet, la compagnie
« adjudicataire encourra la déchéance de plein droit,
« avec perte du premier dépôt de 11,557,258 fr., lequel
« demeurera acquis au Trésor royal, à titre de dom-
« mages-intérêts. Le dépôt de vingt-cinq millions sera
« immédiatement restitué après le paiement des deux
« premiers termes de l'emprunt. La compagnie adju-
« dicataire aura la faculté d'anticiper le paiement de
« ces deux premiers termes, sous l'escompte de quatre
« pour cent par an.

« 12. En échange du paiement du premier vingtième
« par la compagnie adjudicataire, il lui sera délivré par
« le Trésor royal des certificats conformes au modèle
« ci-annexé C.

« 13. A défaut de paiement d'un terme échu, le mon-
« tant du certificat sera exigible en totalité, et le mi-
« nistre pourra en faire effectuer la vente, au profit du
« Trésor royal, jusqu'à due concurrence.

« 14. La solidarité stipulée dans la soumission, mo-
« dèle A, cessera après le paiement des deux premiers
« vingtièmes de l'emprunt, le montant de ces deux termes
« devant être réservé pour la garantie ultérieure du Tré-
« sor royal.

« Fait à Paris, le 4 juin 1823.   Jh. DE VILLÈLE. »

MODÈLE A.

*Soumission pour l'acquisition de 23,114,516 fr. de
rentes cinq pour cent consolidés.*

« Nous soussignés (mettre les noms, prénoms, qualités
« et domiciles des souscripteurs), après avoir pris con-
« naissance de l'annonce de l'emprunt publiée par le
« ministre des finances, le 4 juin dernier, et nous sou-
« mettant solidairement à toutes les conditions portées
« en ladite annonce, nous nous obligeons de nous ren-
« dre acquéreurs des 23,114,516 fr. de rentes, au prix
« de (en toutes lettres). En conséquence, nous prenons
« envers le ministre des finances l'engagement de ver-
« ser au Trésor royal, en numéraire, la somme de (en
« toutes lettres), aux époques, dans les proportions et

« aux clauses et conditions fixées dans ladite annonce;
« reconnaissant qu'aucune de ces conditions ne doit
« être réputée facultative ni comminatoire, mais
« qu'elles sont toutes obligatoires; déclarant en outre,
« conformément à l'art. 14 de l'annonce publiée par
« le ministre des finances, que toute solidarité de
« paiement cessera pour nous après le paiement des
« deux premiers termes dudit emprunt, le montant de
« ces deux termes devant rester en réserve pour la ga-
« rantie ultérieure du Trésor royal. Pour garantie de la
« présente soumission, nous avons déposé à la caisse des
« consignations et dépôts la somme de onze millions cinq
« cent cinquante-sept mille deux cent cinquante-huit
« francs, suivant le récépissé ci-inclus, et dans les va-
« leurs y détaillées.

« Pour l'exécution de la présente soumission, nous fai-
« sons élection de domicile en la demeure de M.   ,
« l'un d'entre nous, à Paris, rue   , n°   , et
« nous conférons audit M.   tout pouvoir d'agir,
« de correspondre et nous représenter auprès du mi-
« nistre des finances, dans tous les actes nécessaires pour
« la conclusion et l'exécution dudit emprunt.

        « A Paris, le   1823. »

Modèle B.

Récépissé de dépôt.

« Nous, caissier de la caisse des dépôts et consigna-
« tions, reconnaissons que M.   s'est
« présenté aujourd'hui à notre caisse, et y a déposé la

« somme de

« dans les valeurs ci-après :

« En numéraire. . . . .

« En inscriptions de rentes transférées à la

« caisse des dépôts. . . . . de rentes représen-

« tant, valeur nominale. . . . .

« En reconnaissance de liquidation. . . . .

« En annuités. . . . .

« En bons royaux. . . . .

« Lesquelles sommes et valeurs ledit sieur

« nous a déclaré affecter à la garantie d'une soumission

« qui sera présentée à S. Ex. le ministre des finances, le

« 10 juillet 1823, pour l'acquisition des rentes indiquées

« en ladite soumission, consentant ledit sieur

« que lesdites sommes et valeurs soient assujetties à l'ap-

« plication des dispositions de l'arrêté du ministre des

« finances, du 4 juin dernier, notamment de l'article 11,

« le cas échéant en faveur de la soumission à laquelle

« le présent récépissé sera annexé, et ledit sieur

signé avec nous.

« Paris, le   1823.

« *Le caissier général de la Caisse*
« *des dépôts et consignations,*

« *Le déposant,*

« Vu :

« *Le directeur-général de la Caisse des*
« *dépôts et consignations.* »

Modèle C.

Ministère des finances.

« Certificat de négociations de 23,114,516 fr. de
« rentes cinq pour cent consolidés, en exécution de
« l'ordonnance royale du 4 juin 1823.

$$N^o \quad \left. \begin{array}{l} 3,000 \text{ fr.} \\ 1,500 \\ 500 \end{array} \right\} \text{ de rentes.}$$

« M.   ou ordre, a droit à
« la somme de   de rentes cinq pour
« cent consolidés, à prendre dans les 23,114,516 fr. de
« rentes vendues le   avec jouissance
« de 22 septembre 1823, en exécution de l'ordonnance
« royale du 4 juin 1823, et conformément à l'arrêté du
« ministre des finances en date du même jour ;

« Au prix de l'adjudication de   pour
« cinq francs de rente, lesdits   représentant
« un capital de   en numéraire, payable
« par vingtième, de mois en mois, du 8 août 1823 au 8
« mars 1825.

« Après l'acquittement des deux premiers termes, et
« à compter du paiement du troisième, le propriétaire
« du présent certificat pourra, au moyen des coupons
« ci-après annexés, et à mesure de leur acquittement,
« réclamer l'inscription immédiate et partielle afférente
« à chacun desdits termes, montant à   de
« rentes, les deux premiers termes restant en réserve,

« pour la garantie du Trésor royal, jusqu'au paiement
« du solde définitif.

    « Paris, le   1823.

       « *Le premier commis des finances, directeur de*
       « *la dette inscrite,*
          « Vu :
      « *Le contrôleur en chef de la dette inscrite.* »

OBSERVATIONS SUR CES BASES.

Ces dispositions rentrent dans la sphère des emprunts
précédens, qui, tous, ont eu une complète exécution.

La réalisation de la nouvelle vente doit donc sembler
de même d'autant plus assurée, qu'on doit présumer
qu'après avoir attendu si long-temps pour mettre à l'enchère, et avoir ainsi laissé échapper de si belles occasions
de placer avec d'importans avantages, l'époque choisie
pour l'adjudication ne l'aura été que parce qu'on l'aura
jugée devoir être précédée de quelque événement décisif
(sans doute *améliorant*), vraisemblablement *pressenti*
d'avance, avec presque certitude, par les dépositaires du
pouvoir, et devant, par sa *nature*, avoir une influence
prononcée et instantanée sur les cours.

On aime d'autant plus à se rattacher à cet espoir, que,
dans l'hypothèse d'un événement contraire à notre désir
et à notre attente, l'on n'obtiendrait, probablement,
qu'une adjudication peu avantageuse, et qu'à ce premier
inconvénient se joindrait celui d'avoir, indirectement,
laissé entrevoir l'urgence de nos besoins.

Toutefois, il serait désirable, sous l'aspect de la

juste répartition des droits et des avantages de la concurrence, qu'il pût exister entre l'adjudication et l'époque
de l'événement prochain, qu'on supposerait devoir la
précéder, un laps de temps suffisant pour que tous les
spéculateurs dignes par leur solidité, leur prépondérence
commerciale, leur hardiesse et leur esprit entreprenant,
de se mettre sur les rangs, eussent le temps, malgré leur
éloignement, de prendre aussi bien leurs dispositions, in-
dispensablement éventuelles, que ceux qui, se trouvant
en contact, presque immédiat, avec le point de centre,
peuvent d'avance, et d'assez longue main, s'enhardir par
des pressentimens, et fortifier dans leur esprit, avec
suffisante conviction, la sensation d'une prévision solide.

TAUX PROBABLE DU *MINIMUM* DU PRIX DE L'ADJUDICATION.

Le taux du crédit ouvert relativement aux 23,114,516 fr.
de rentes est, par chaque 5 fr. de rentes, de.   83 fr. 38 c.

Voici les bases de cette fixation :

Les paiemens effectués, ou à effectuer, par le Trésor
royal, sont :

1° Pour solder entièrement l'arriéré, fixé définitive-
ment à 350,000,000 fr. .   .   .   .   .   350,000,000 fr.

2° Pour complément des 100 millions de dépenses extraordinaires et
urgentes de 1823. .   .   .   .   .   .   57,054,093.

Ensemble.   .   .   .   407,054,093 fr.

'Les rentes accordées pour subvenir à ces paiemens se composent ainsi qu'il suit :

1° Rentes pour l'arriéré. . . . . 20,409,292 fr.

2° Rentes pour dépenses extraordinaires et urgentes de 1823. . . . 4,000,000.

Ensemble. . . . . 24,409,292 fr.

24,409,292 fr. de rentes, pour 407,054,093 fr. de capital, donnent, pour chaque 5 fr. de rentes, un prix de . . . . 85 fr. 38 c.

Sur la totalité des paiemens à faire par le Trésor royal, pour satisfaire à ses engagemens, montant ensemble, en capital, à. . . . . 407,054,093 fr. il en a déjà effectué, par suite de la négociation de 1,294,776 fr. de rentes, tiers du premier crédit, une somme de   20,000,000.

Il ne resterait donc à acquitter, ou à rembourser, en capital, que. . . . . 387,054,093 fr.

On a, pour couvrir cette dette, en capital et en intérêts, une rente de. . . . . . 23,114,516 fr.

La vente de cette rente doit donc, si l'on veut être au pair, procurer une rentrée nette de. 387,054,093 fr.

Recette qui suppose vente au taux de . 83 fr. 72 c

Si donc une compagnie offrait au ministre d'acheter

ses 23,114,516 fr. de rentes, avec jouissance du 22 septembre 1823, au prix de 83 fr. 72 c., payables, ainsi que c'est d'usage, immédiatement après la formalité du transfert, le ministre satisferait à tous ses engagemens, et épuiserait, sans plus et sans moins, la totalité des valeurs ou crédits en rentes qui lui sont accordés pour cet objet.

Mais les conditions de soumissions ne portent pas exigence de paiement au comptant.

D'après l'annonce du ministre, ce paiement ne se fait que par vingtièmes.

L'acquittement de deux de ces vingtièmes est anticipé.

Le paiement des dix-huit autres vingtièmes est retardé.

En balançant les avantages de cette anticipation, et les désavantages de ces retards, pour le Trésor, et les reportant, comme cela doit être, sur les 23,114,516 fr. de rentes dont on se dessaisit dès le 22 septembre, on trouve que, pour subvenir à ses engagemens, en capital et en intérêts, le Trésor royal, en vendant ses rentes au taux de 83 fr. 72 c., payables par vingtièmes, et non au comptant, suivant les usages de la place, aurait à couvrir, par d'autres ressources, un déficit de. . 16,277,000 fr.

Y ajoutant le prix des rentes, à 83 fr. 75 c., savoir. . . . . 387,054,093.

on a un ensemble de . . . . . . 403,331,093 fr.

nécessaire au ministre pour solder ses besoins, en capital et en intérêts, et pour atteindre le pair de ses crédits.

Cet encaissement exigerait que la vente fût effectuée
au taux de. . . . . 87 fr. 25 c.

J'admettrai donc d'autant plus volontiers que le taux
du minimum sera de 87 fr. 25 c., qu'il est présumable
qu'à moins de circonstances majeures et impérieuses,
équivalentes à *l'indispensabilité*, le ministre, consentant, toutefois, dans les propres intérêts du gouvernement, à une marge suffisante pour attirer les traitans
de tous *genres*, ne se prêtera pas, cependant, à un minimum qui se trouverait insuffisant, non-seulement
pour balancer sa dette capitale, de. . 387,054,093 fr.
mais en outre son déficit sur acquit-
tement d'arrérages, de. . . . . 16,277,000.

Ensemble. . . . . 403,331,093 fr.

BASES DE CET ÉCRIT.

D'après ce taux présumable d'adjudication, voici
quelles doivent être les bases des calculs.

Quotité des rentes à négocier. . . 23,114,516 fr.

Capital que ces rentes représentent, au taux de
87 fr. 25 c. pour chaque 5 fr. de rentes. 403,331,093 fr.

Taux d'intérêts résultant du rapport entre ce capital et la quotité de rentes qu'il comporte, pour chaque
100 fr. . . . . 5 fr. 75. 1.

SPÉCULATIONS DES SOUMISSIONNAIRES.

Les soumissionnaires baseront le taux de leurs sou-missions sur deux genres distincts de spéculations :

L'une, *fixe et absolue;*

L'autre, plus ou moins *éventuelle.*

La première se déduira des termes et délais de la libération.

La seconde se basera sur la probabilité de revente à des taux plus ou moins inférieurs ou supérieurs à celui de l'achat.

Les considérations sur lesquelles on pourrait s'appuyer pour présager les chances de ce dernier aspect seraient trop susceptibles de controverses, pour en pouvoir déduire aucune conséquence solide.

Je ne m'en occuperai donc, très-succinctement, que comme hypothèse.

Il n'en est pas ainsi de la spéculation fixe, qu'on peut, par balance, établir d'une manière invariable.

Mais avant de nous livrer à ces deux examens, recherchons quel est le taux que la rente, jouissance du 22 mars, devrait avoir sur la place, le jour de l'adjudication, pour équilibrer le taux de 87 fr. 25 cent., jouissance du 22 septembre, supposé devoir être celui du *minimum,* et celui de l'adjudication.

Les ventes, jouissance du 22 septembre, s'ouvrent le 5 septembre.

L'escompte des rentes pour chaque mois est, depuis assez long-temps, au-dessous de 30 centimes.

Partons néanmoins de ce taux.

Du 10 juillet au 5 septembre il y a cinquante-cinq jours.

Sur le pied de 3o c. par mois d'escompte, ces 55 jours donnent pour escompte 55 c.

Le coupon retiré le 5 septembre sera de .   2 fr. 5o c.

Il faut en déduire l'escompte ci-dessus, de .   » 55.

Ajoutant le reste, de . . . .   1 fr. 95 c.

au prix de l'adjudication, de . . . . .   87 25.

on a un total de . . . .   89 fr. 20 c.

Il faudrait donc que le 10 juillet le cours sur la place, jouissance du 22 mars, fût de . . . . .   89 fr. 20 c.

pour équilibrer le taux de . . . . .   87 fr. 25 c.

(jouissance du 22 septembre), supposé devoir être celui de l'adjudication.

Mais si, le 10 juillet, le cours sur la place était de.   . . . .   89 fr. 20 c.

les soumissionnaires auraient mêmes déboursés en achetant sur la place qu'en traitant avec le gouvernement, et ne se verraient pas forcés de se charger, en une seule fois, par convenance maîtrisée, d'une masse énorme de 25 millions de rentes.

A la vérité, par contre, ils ne jouiraient pas des avantages résultans de la facilité de l'achat, et des termes et délais accordés pour le paiement par l'annonce du ministre.

Analysons ces avantages.

Au prix de 87 fr. 25 c. pour chaque 5 fr. de rentes, le prix capital de la négociation serait, comme ci-dessus, de. . . . . 403,331,093 fr.

Ce prix capital devra être versé au Trésor royal, en vingt paiemens égaux, de mois en mois, à partir du 8 août prochain (1823).

L'importance de chacun de ces paiemens sera donc de. . . . . 20,166,554 fr.

Ces termes de libération produiront, à l'avantage des adjudicataires, une jouissance de fonds qui, calculée à l'intérêt de 5 fr. 73.1^{c}, par chaque 100 fr., correspondans au taux supposé de 87 fr. 25 c. par chaque 5 fr. de rentes, leur procurera une bonification de. . . . . 16,277,000 fr.

Les déduisant du prix capital d'achat, savoir. . . . . 403,331,093 fr.

restera en déboursés réels . . . 387,054,093 fr.

qui, en rapport avec les 23,114,516 fr. de rentes, donnent, pour chaque 5 fr. de rentes, un capital de . . . . 83 fr. 72 c.

Les rentes que les soumissionnaires auraient pu, avec leurs fonds, se procurer sur la place (jouissance du 22 septembre 1823), leur seraient revenues à   87 fr. 25 c.

Ils ne paieraient réellement celles qu'ils obtiendraient par adjudication, que. . . 83   72.

Leur bonification, par chaque 5 fr. de rentes, serait donc de . . . . 3 fr. 53 c.

Cette bonification se trouverait-elle, relativement à l'importance de l'opération , dans un rapport suffisant ?

Sans prétendre approfondir cette question, je, dirai seulement, d'après ma sensation :

Si l'événement attendu est rassurant, on pourrait , avec d'autant plus de justice, restreindre cette première source de bonification, que l'élévation des cours y suppléerait bien amplement.

Dans le cas contraire, la bonification devrait, raisonnablement, sembler insuffisante, peut-être même illusoire, si ce n'était *négative.*

Quoi qu'il en soit, tant que la rente sera en hausse , ou du moins tant qu'elle sera au-dessus de 85 fr. 72 c. (arrérages défalqués), les adjudicataires auront une balance active.

Au-dessous du taux de 85 fr. 72 c. (arrérages défalqués), les adjudicataires supporteront plus ou moins de pertes.

Les impressions de prévision , relativement à ces premiers aspects , reportées, à partir de l'état actuel des choses, sur un laps de temps de vingt mois, seraient tellement nuancées, qu'il semblerait plus raisonnable, dans une telle circonstance, de se livrer à l'espoir d'une confiance dirigée par un véritable esprit national, plutôt que de prendre pour guide une logique plus ou moins oscillante.

Heureusement pour la négociation, les soumissionnaires devront , dans la direction de leur spéculation, la considérer sous un second aspect moins chanceux.

Ils se fixeront principalement sur leur position dans la nécessité possible d'attendre, pendant vingt mois , le mo-

ment opportun pour la revente de leurs rentes avec bé‑
néfices.

S'ils *veulent*, et, surtout, s'ils *peuvent*, en raison de la prépondérance de leurs moyens, directement ou indi‑rectement *disponibles*, suivre cette détermination, ils élimineront bien des inquiétudes, et ils ramèneront l'opération à une perspective plus rassurante.

Voici quelles devront être leurs considérations à ce sujet :

PREMIÈRE SPÉCULATION,

Fixe et absolue.

Ainsi que nous l'avons vu ci‑dessus, le prix capital d'achat, au taux de 87 fr. 25 c., sera de   403,331,095 fr.

Le bénéfice résultant des termes de libération sera de . . . .   16,277,000 fr.

Ce bénéfice, en rapport avec le capital d'achat, serait, par année, pour chaque 100 fr., de.   . 2 fr. 32.26.

Le taux de l'intérêt produit par les rentes serait, comme ci‑dessus, pour chaque 100 fr., de . . . . 5 fr. 73.1.

On a donc pour chaque 100 fr. un en‑semble de. . . . . 8 fr. 05.36.

D'où il résulte que, par suite du mode de libération, les acheteurs primitifs, outre la perspective des béné‑fices éventuels sur le prix capital des reventes, place‑raient, pendant vingt mois, en attendant la réalisation de cette perspective, leurs fonds au taux de plus de 8 pour 100 par an, et, passé cette époque, au taux de près de 5 ¾ pour 100.

DEUXIÈME SPÉCULATION,

Éventuelle.

Recherchons maintenant la position des soumissionnaires dans la supposition de l'élévation des cours.

Et supposons, comme exemple, qu'avec jouissance
du 22 septembre 1823, le taux de la rente s'élève,
sur la place, à . . . . 90 fr. 80 c.

en vendant à ce taux, les preneurs primitifs assure-
raient, instantanément, un bénéfice équivalant à celui du
mode de libération, savoir 5 fr. 53 c. par chaque 5 fr. de
rentes.

Si, au-dessus de ce taux, les preneurs primitifs vou-
laient encore, en conservant leurs rentes, courir l'éventualité d'une plus forte hausse, chacun ne pourrait que
leur en savoir bon gré, quoique, dans la réalité, ils ren-
trassent, pour cette nouvelle combinaison, dans la classe
de tous les spéculateurs étrangers à l'achat direct
des 23,114,516 fr. de rentes.

Mais on se ferait peut être illusion en espérant qu'ils
suivront cette marche.

Les spéculateurs expérimentés n'ignorent pas, en
effet, que les types de spéculation, surtout en France,
ont aussi leurs époques de modes; que tout bénéfice
réalisé doit, raisonnablement, sembler préférable à de
plus grands bénéfices éventuels; que les moindres avantages, renouvelés, grossissent, en général, d'autant plus
l'actif, que, par leur encaissement réel, ils deviennent
de nouveaux producteurs; et qu'enfin, sous ces aspects,
ce qu'on nomme *bonheur* n'est souvent qu'un résultat
direct de ténacité de principes, de prudence, de bonne

judiciaire, de prévision lucide, d'à-propos, et, surtout, d'imagination active.

POSITION DES PORTEURS DE CERTIFICATS
ET DE COUPONS.

Examinons maintenant le cas probable où les traitans primitifs, sortis de l'affaire, l'auront reportée, par dissemination, entre les mains de tiers porteurs.

Par suite des combinaisons du plan, la négociation peut se disséminer, et n'impose pas la nécessité d'une trop grande masse de fonds indispensable dans un trop petit nombre de mains.

Nous venons de voir,

1° Que les rentes, quoique achetées au cours apparent de 87 fr. 25 c. pour chaque 5 fr. de rentes, ne reviendraient réellement aux acheteurs primitifs qu'à 83 fr. 72 c. pour chaque 5 fr. de rentes;

2° Que si, pendant les vingt mois de la libération, le taux de la rente ne se maintenait pas sur la place au-dessus de ce taux de 83 fr. 72 c., le bénéfice provisoire des preneurs primitifs, restreints, pendant ces vingt-mois, au titre de prêteurs, serait encore de 16,277,000 fr.

3° Qu'ainsi leurs fonds seraient, provisoirement, placés à l'intérêt de plus de 8 pour 100 par an.

Les porteurs de certificats et de coupons pourront, sinon en totalité, au moins pour une portion, jouir de ces avantages.

Leur taux d'achat dépassera nécessairement 87 fr. 25 c., taux supposé de l'adjudication; et probablement s'approchera, du moins pour la plupart d'entre eux, de 90 fr. 80 c., taux au-dessous duquel il n'est pas présumable que la compagnie adjudicataire consente à transférer.

Ces porteurs n'useront pas, sans doute, de la faculté d'escompter. Très-probablement 5 $\frac{1}{4}$ d'intérêts leur conviendra mieux que les 4 promis comme escompte d'anticipation de paiemens.

Ces porteurs secondaires pourront se ranger en deux catégories distinctes.

Les uns, maîtrisés par leur position, ne spéculeront que sur des oscillations éventuelles ; ils feront, instantanément, des bénéfices ou des pertes. En général, cette classe mérite d'autant moins d'attention, qu'elle obéit forcément à l'impulsion des meneurs réels.

Les autres seront, en petit, assimilables à la compagnie primitive, sauf la quotité d'avantages, qui devra se trouver d'autant plus resserrée que la compagnie possédera plus de moyens d'influencer la place.

Ce qu'il faut surtout observer à leur égard, c'est que dans la succession de transmission, le taux du placement, et conséquemment son attrait, suivront une progression décroissante, de telle sorte que, bien avant l'écoulement des vingt mois, l'achat direct, sur la place, des rentes anciennes, présentera, pour le moins, autant de chances avantageuses que l'achat des certificats de courte durée.

CONSIDÉRATIONS SECONDAIRES SUR LA FIXATION PROBABLE DU *MINIMUM* DES PRIX D'ADJUDICATION.

En analysant dans tous les sens les résultats définitifs de l'annonce du ministre, on reconnaît que, par suite du mode de libération, quel que soit le prix des soumissions, inférieur, égal ou supérieur à celui de la place, les acquéreurs auront, sur leur prix de soumission, comparativement à semblable opération faite, instantanément, sur la place, une bonification de 5 fr. 53 c. par chaque 5 fr. de rentes.

Leur détermination de soumission sera en outre influencée par l'avantage de pouvoir obtenir, immédiatement, la masse énorme de 23,114,516 fr. de rentes, qu'ils ne pourraient se procurer sur la place que difficilement, après un long laps de temps, et en faisant, nécessairement, hausser, presque indéfiniment, leur cours.

Ces aspects contribueront, sans doute, à influencer la détermination du ministre le jour de l'adjudication.

Si le cours relatif de la place ne dépasse que très-peu celui de 87 fr. 25 c., dont il aurait besoin pour se couvrir par solde, il ne portera pas, sans doute, son *minimum* de prix au-dessus de ce taux de. . . . . 87 fr. 25 c.

Mais si ce cours relatif est beaucoup au-dessus, par exemple à 90 fr., sa sagesse pèsera si cet excédant ne devrait pas être partagé entre le gouvernement et les soumissionnaires.

S'il penche pour ce partage, son *minimum* de prix sera, dans ce cas, de. . . . . 88 fr. 62,5.

~~~~~~~~

BALANCE ACTIVE ou PASSIVE DU TRÉSOR ROYAL,

Relativement à la vente de ses 23,114,516 fr. de rentes, influencée par les cours sur la place, au 10 juillet, cours sur lesquels seront, très-probablement, basés les taux de soumissions.

Nous avons vu que le mode de paiement de l'annonce
~~~~~~~~

procurerait aux soumissionnaires un bénéfice équivalent à 3 fr. 53 c. par chaque 5 fr. de rentes.

Nous avons vu qu'en défalquant du taux des rentes, au 10 juillet, la somme de 1 fr. 95 c., on avait le taux de ces mêmes rentes, jouissance du 22 sep'embre.

Il est dès lors probable que les soumissionnaires, regardant d'avance comme acquis le bénéfice résultant du mode de paiement, ne voudront pas en abandonner aucune portion, et fixeront, en conséquence, le taux de leur soumission, d'après le cours relatif des rentes sur la place.

C'est bien là ce qu'on peut espérer de moins défavorable, attendu que, d'une part, rarement la soif du gain rétrograde, et que, de l'autre, le bénéfice résultant du mode de libération semble être à peine suffisant, relativement à l'importance de l'opération, pour en couvrir la possibilité, même très-restreinte, des chances passives, dans le cas où la nouvelle attendue alimenterait les inquiétudes.

Le cours sur la place jusqu'au 10 juillet doit donc fixer toute la sollicitude du ministre.

En effet, supposons d'abord que, d'avance, le ministre sache que, quel que soit le cours sur la place, l'offre de l'un des soumissionnaires, dont les dispositions lui seraient suffisamment garanties, atteindra le taux nécessaire pour satisfaire à ses besoins, et pour couvrir ses crédits.

Dans ce cas même, l'élévation du cours, jusqu'au jour de l'adjudication, ne peut que procurer de l'avantage au ministre, en stimulant d'autres soumissionnaires à faire des offres supérieures à celles dont déjà il serait assuré.

Supposons, en second lieu, que, d'avance, le ministre ne soit pas suffisamment confiant dans l'existence d'une soumission à offres convenantes.

Dans ce second cas, le cours sur la place peut être pour le ministre avantageux ou *très-désavantageux*.

Sous ces rapports, il serait désirable (l'époque de l'adjudication étant invariablement déterminée), que l'événement décisif, impatiemment attendu, précédât l'adjudication.

Si, le supposant *favorable*, sa connaissance était *tardive*, le gouvernement se trouverait frustré de la majeure partie de son influence.

Si, le supposant *défavorable*, sa connaissance était *tardive*, les adjudicataires auraient à regretter de s'être trop confiés à leurs sensations d'espoir et de prévision.

Dans tous les cas, l'influence de la *certitude du mal*, ou de *l'incertitude du bien*, ou de *l'attente frustrée*, ne peut qu'engendrer des résultats directement ou indirectement fâcheux, pour l'une ou pour l'autre des parties contractantes.

Les cours au 10 juillet doivent donc être considérés comme un point de centre auquel toutes les opérations qui se lieront à la négociation devront se rattacher.

Il y aura, nécessairement, entre ces cours et ces opérations, une concordance proportionnelle, dont on peut présenter d'avance les oscillations, en partant de la possibilité de ces mêmes cours, soit en plus, soit en moins.

Voici l'aspect de ces rapports, basés sur un taux moyen de 89 fr. 20 c., sur des différences de 25 en 25 centimes, et sur les extrêmes 92 fr. 20 c., et 86 fr. 20 c.

BALANCE DU TRÉSOR ROYAL.	TAUX PROBABLE des soummissions, d'après les cours sur la place.		COURS SUR LA PLACE	
	fr.	c.	fr.	c.
13,868,712 bénéfice . .	90	25 . .	92	20.
12,712,986 bénéfice . .	90	» . .	91	95.
11,557,260 bénéfice . .	89	75 . .	91	70.
10,401,534 bénéfice . .	89	50 . .	91	45.
9,245,808 bénéfice . .	89	25 . .	91	20.
8,090,082 bénéfice . .	89	» . .	90	95.
6,934,356 bénéfice . .	88	75 . .	90	70.
5,778,630 bénéfice . .	88	50 . .	90	45.
4,622,904 bénéfice . .	88	25 . .	90	20.
3,467,178 bénéfice . .	88	» . .	89	95.
2,311,452 bénéfice . .	87	75 . .	89	70.
1,155,726 bénéfice . .	87	50 . .	89	45.
AU PAIR.	87	25 . .	89	20.
1,155,726 perte . . .	87	» . .	88	95.
2,311,452 perte . . .	86	75 . .	88	70.
3,467,178 perte . . .	86	50 . .	88	45.
4,622,904 perte . . .	86	25 . .	88	20.
5,778,630 perte . . .	86	» . .	87	95.
6,934,356 perte . . .	85	75 . .	87	70.
8,090,082 perte . . .	85	50 . .	87	45.
9,245,808 perte . . .	85	25 . .	87	20.
10,401,534 perte . . .	85	» . .	86	95.
11,557,260 perte . . .	84	75 . .	86	70.
12,712,986 perte . . .	84	50 . .	86	45.
13,868,712 perte . . .	84	25 . .	86	20.

On voit, d'après ce tableau, que, suivant les cours, la balance du Trésor royal devra être, soit *égale*, soit *active*, soit *passive*.

La balance du Trésor royal sera *égale* si, au 10 juillet, le cours sur la place est de 89 fr. 20 c.

La balance du Trésor royal sera *active* si le cours, au 10 juillet, dépasse ce taux.

La balance du Trésor royal sera *passive* si le cours, au 10 juillet, est inférieur à ce taux.

ASPECT DE L'OPÉRATION DANS SES RAP-PORTS AVEC LES INTÉRÊTS DU TRÉSOR ROYAL, ET AVEC CEUX DES CONTRIBUA-BLES.

Après avoir examiné la situation des prêteurs primitifs, et celle des prêteurs secondaires, il convient de fixer celle du Trésor royal, et celle des contribuables.

D'abord il est constant que, mettant de côté toutes les chances d'éventualité, la position du gouvernement sera matériellement l'inverse de celle des acheteurs primitifs.

Ainsi, en réalité, le gouvernement vendra ses 23,114,516 fr. de rentes au taux de 83 fr. 72 c. ;

Ou, si l'on veut présenter ce résultat sous un autre aspect, le gouvernement empruntera les 387,054,093 fr. qui lui sont nécessaires pour l'acquittement de ses engamens en capital, savoir, pendant vingt mois, au taux de plus de . . . . 8 pour %(1).
et, passé cette époque, au taux d'environ . . . . 5 $\frac{3}{4}$ pour %.

____

(1) Ce qui équivaut à 5,731 d'intérêts, et 2,5226 de commission, par année.

Mais là ne se borne pas l'aspect véritable.

Le gouvernement désire et espère une augmentation dans le cours du taux des rentes.

La spéculation des soumissionnaires sera sans doute en partie influencée par cet espoir.

Sans prétendre fixer les limites de sa réalisation, n'en prenons que la moyenne.

Rentes vendues à. . . . . 87 fr. 25 c.

Pair. . . . . 100. »

Différence. . . . . 12 fr. 75 c.

Moyenne. . . . . 6 fr. 37.5 c.

Prix de vente. . . . . 87 25.

Prix moyen de rachat. . . . . . 93 fr. 62.5 c.

Ainsi, en supposant que le rachat n'ait lieu qu'à 93 fr. 65 c., taux bien certainement inférieur aux calculs de prévision du gouvernement, et, très-probablement, du moins c'est à désirer, au-dessous de l'effectuation à venir, les déboursés de rachat seraient de. . . . . 432,820,000 fr.

L'encaissement réel n'aurait été que de. . . . . 387,054,093.

La différence en perte serait donc de. . . . . 45,765,907 fr.

A quoi il conviendrait d'ajouter la perte résultante, pendant la durée de l'amortissement de cette dette (1), de la différence entre le taux de l'intérêt de la négociation (5 fr. 73 c. pour chaque 100 fr.) et le taux légal (5 fr. pour chaque 100 fr.), taux qui, seul, peut régir le revenu des contribuables.

En dernier résultat, la cumulation de ces pertes équivaudrait au rachat au pair qui aurait lieu en plus de temps.

On peut donc avancer, avec assurance, que ce rachat occasionera au gouvernement une perte de 75,236,227 fr.

Cette perte ne pourrait, au surplus, nullement être attribuée à l'administration actuelle, mais uniquement aux dispositions antécédentes.

Ainsi, en définitive, pour cet emprunt, pris isolément, les contribuables seront, pour l'instant, déchargés d'un capital de. . . . . 387,054,093 fr.

Mais ils seront grevés, pour l'avenir, d'un capital de . . . . . . 447,144,418 fr.

dont ils auront à payer l'intérêt à 5 pour 100 jusqu'au remboursement.

∿∿∿∿∿

CONSIDÉRATIONS DE LA NÉGOCIATION DANS SES RAPPORTS INDIRECTS.

Dans ses rapports indirects, la négociation doit s'envisager sous un aspect particulier.

---

(1) Durée qui , d'après les données d'un ouvrage assez volumineux que je viens de faire imprimer sur les finances, ne pourrait pas être au-dessous de vingt-cinq années.

Les rentes inscrites s'élèvent , en ce moment, non compris les 25,114,516 fr., à. . . . 179,974,260 fr.

Une grande partie de ces rentes est, de fait, immobilisée , soit par le caractère propre des possesseurs, soit par l'emploi, uniquement comme placement, d'une grande partie d'autres possesseurs.

Généralement on s'accorde à évaluer à 4o ou 5o millions la masse des rentes flottantes, changeant assez fréquemment de mains sur la place.

Il est présumable que cette quotité est dans un rapport concordant avec les besoins, dans les deux sens : car, autrement, le cours s'élèverait ou s'abaisserait, par suite de la multiplicité des demandes ou des offres.

Les fluctuations actuelles sont donc presque uniquement influencées par les combinaisons du jeu.

On spécule bien plus encore sur le mot *rente* que sur la rente effective.

Dans cette position, quelle influence prononcée ne devra pas, dans un ordre de réalisation réelle, avoir une augmentation de circulation de plus de 5o pour cent des valeurs circulantes ?

Malheureusement, cette accumulation de circulation n'aura pas le pouvoir magique d'accroître proportionnellement les capitaux.

Ceux consacrés aux rentes resteront les mêmes après comme avant l'augmentation de circulation.

Or n'est-il pas de principe général que, lorsqu'une marchandise augmente de quantité, relativement à une même quantité de valeurs représentatives stationnaires, la marchandise doit diminuer de prix, de telle sorte

que la masse augmentée, multipliée par son prix dimi-
nué, ne représente, comme auparavant, que la même
valeur d'acquittement.

Puisse, dans l'avenir, ce principe, fondé en raison,
avoir de fréquentes anomalies !

Je le désire, je l'espère : toutefois il me semblerait
qu'il y aurait plus que de la hardiesse à trop s'y fier.

Sans doute, quelques personnes pourront, comme
balance de l'inconvénient présumable d'une émission,
trop instantanément abondante, objecter que l'amortissement servira de contre-poids.

Malheureusement, ce ne serait là, du moins pour la
plus grande part, qu'une illusion.

Depuis sept ans que la caisse d'amortissement existe,
la quantité de rentes qu'elle a retirée de la circulation ne
dépasse pas de beaucoup celle qu'on va mettre sur la place.

Ainsi, sous cet aspect, sept années d'existence de la
caisse se trouveraient presque annulées, et on se verrait
replacé dans la position de sa création, avec, toutefois, cette différence notable, que les contribuables auraient de plus à payer, annuellement, et cela pendant
un bien long espace de temps, toutes les rentes rachetées
par la caisse, et formant l'une de ses ressources actives
de rachats ultérieurs.

Toutefois il serait juste de reconnaître que, la situation de la France étant, sous tous les rapports,
bien plus prospère en ce moment qu'elle ne l'était lors
de l'établissement de la caisse, la place doit pouvoir,
sans affaissement, supporter une plus grande masse
comparative de rentes.

On n'en pourrait disconvenir; mais quel serait le rapport exact entre cette possibilité de surcharge et cette amélioration? C'est ce qu'il serait sans doute bien diffi-cile d'apprécier avec une suffisante justesse.

Quant au second aspect, l'on ne se trouverait pas placé, par le fait de l'influence de la caisse, dans une po-sition plus avantageuse.

Veut-on en effet admettre, et c'est ce qu'on peut es-pérer de plus favorable, que l'émission n'aura lieu que par vingtièmes (1)? Dans ce cas, l'augmentation de cir-culation par mois serait de . . . . . 1,155,725 fr.

et en douze mois de . . . . 13,868,700 fr.

Pendant ces douze mois, la caisse d'amortissement, dont le levier est, pour l'instant, au plus de 80,000,000 fr.

ne pourrait, au cours de 90 fr. par chaque 5 fr., racheter que. . . . . 4,434,000 fr.
Les ôtant des. . . . . 13,868,700.

la place n'en resterait pas moins sur-chargée, pour la première année, de. 9,434,700 fr.

Et, au bout de vingt mois, cette sur-charge se trouverait portée à. . . . 15,724,500 fr.

Pour se prêter à cette considération, de toutes la moins défavorable, il faudrait d'ailleurs n'avoir nul égard à ce principe fondamental, que l'action de la caisse doit se

---

(1) Cette supposition, toutefois, n'est que bien peu probable: car dès l'origine, la place sera presque inévitablement chargée, sinon des 25 millions de rentes, au moins d'une partie, plus ou moins consi-dérable, des 25 millions de certificats qui les représenteront.

porter sur l'ensemble de la dette, et non sur une de ses portions.

Sans illusion, il n'existerait qu'une seule position qui pourrait anéantir cette sollicitude inquiète.

Il faudrait qu'on pût être assuré que les adjudicataires, dirigeant en perfection leur entreprise, et ayant des moyens suffisamment importans pour la maîtriser, ne commenceraient leur dissémination, soit par des soumissions secondaires et partielles, antérieures à leur soumission apparente, soit immédiatement après l'adjudication, par des comptes en participation, 'qu'au profit de leurs correspondans, de leurs cliens, ou de leurs affidés, et qu'ils excluraient de ce partage les exaltés de tous genres, et surtout ceux pour lesquels l'appât du mot *lucre* est une syrène fascinante, bien souvent *fallacieuse*.

Ce ne serait qu'appuyé sur l'ensemble de ces suppositions qu'on pourrait espérer que, pendant vingt mois, quelle que dût être l'influence des circonstances accessoires, l'émission journalière resterait toujours proportionnée à la position balancée des trois places capitales.

- Bien certainement, avec ce genre de talisman, la compagnie adjudicataire maîtriserait réellement la place, non *capricieusement,* mais *utilement*, autant dans l'intérêt propre du gouvernement et des bons citoyens que dans le sien.

Espérons que telle sera sa marche.

Presque certainement il en sera ainsi, si son intérêt direct s'y trouve lié.

Les maisons que l'on cite comme pouvant se prêter

à l'exécution de la négociation ont, en *fail*, et en *cré- dits*, des moyens imposans.

Veuille le Ciel qu'elles amalgament l'amélioration de leur position avec l'amélioration de la nôtre !

~~~~~~~~~~

QUELLES DOIVENT ÊTRE LES PROBALITÉS DE DURÉE D'ÉCOULEMENT DES 23 MILLIONS DE RENTES.

Ici l'on peut s'appuyer sur les précédens pour fonder un ordre raisonnable de probabilités.

Les 12 millions de rentes vendues le 9 août 1821 n'ont pu étré écoulés, par les adjudicataires, qu'en seize mois.

Les 23 millions de rentes mises aujourd'hui en vente nécessiteront donc pour leur écoulement plus de trente-deux mois.

On pourrait même dire, sans exagération, et en ayant égard aux différences de position, près de trois ans.

En effet notre position politique, en 1821, était au moins aussi rassurante qu'elle l'est en 1283; et aujour-d'hui la place, comparativement à 1821, est surchar-gée de 5 millions au moins de rentes : car comme pendant ces seize mois l'amortissement a retiré à peine 7,000,000 de rentes, il reste, malgré son action, une augmentation de 5,000,000 de rentes dans la masse de la circulation.

Dans ces proportions, il faudrait donc supposer que la compagnie adjudicataire, au bout de vingt mois, ter-me de sa libération envers le Trésor, resterait encore pro•
~~~~~~~~~~

priétaîre de plus de 10,000,000 de rentes qui lui repré-
senteraient une avance de fonds de. .   174,000,000 fr.

Cet espoir, avec quelque peu de connaissance des
hommes et surtout des capitalistes spéculateurs, semble
dépasser toute vraisemblance.

L'émission sur la place des 25 millions de rentes sera
donc, probablement, beaucoup moins prolongée, dans sa
proportion de quotité, que ne l'a été celle des 12,000,000
fr. de rentes.

Les adjudicataires prendront, indubitablement, les
dispositions nécessaires pour ne pas supporter les effets
de cette influence défavorable. Les moyens pour y
parvenir sont tellement usagers, que qui que ce soit,
spéculant sur les fonds publics, ne peut être censé les
ignorer.

EUX, sortiront donc, sans doute, de l'affaire, aussi
promptement qu'ils le pourront *convenablement*, non-
seulement *indemnes*, mais même avec des bénéfices pro-
portionnés à une si vaste entreprise.

Ce seront, et la *place en masse*, et en particulier les
derniers porteurs par circulation successive, qui éprou-
veront l'influence inévitable d'un rapprochement d'é-
mission disproportionnée avec la position matérielle
des placemens.

S'il en devait être ainsi, on ne pourrait que former
des vœux, dans le véritable intérêt de l'Etat, pour que,
d'ici à deux ou trois années, aucun besoin imprévu et ur-
gent ne nécessitât de nouvelles émissions de rentes.

Dans une telle position, ces émissions forcées con-

vaincraient inévitablement , malheureusement à nos dé-
pens, qu'en tout il est un terme qu'il est imprudent et
dangereux de dépasser.

CONCEPTION D'UN PLAN QUI AVAIT POUR BUT D'IMMOBILISER LES 23 MILLIONS DE RENTES.

La nécessité bien probable d'un accroissement de
circulation , qui depuis long-temps était prévu pour au
moins 19,000,000 fr. de rentes , m'avait fait apprécier
l'importance d'éviter les inconvéniens de cette indispensabilité.

Dans ce but, j'avais commencé par me créer des
formules qui me missent à même de cumuler les présen-
tations d'aspects; de manière à pouvoir les comparer,
non-seulement dans leur ensemble , mais même dans
leurs détails.

J'avais eu le bonheur de surmonter enfin ces pre-
mières difficultés graves.

Par suite, voici quelles étaient les bases de mon plan,
dans lequel j'avais dû nécessairement m'écarter des voies
frayées, m'emparer d'élémens inusités, et coordonner le
tout de manière à fermer exactement le cercle du circuit.

Prendre les rentes au PAIR , c'est-à-dire à 100 fr.
pour chaque 5 fr. de rentes.

Les IMMOBILISER, c'est-à-dire ne pas les mettre en
circulation et n'en pas charger la place.

Les annuler dans l'espace de 20 années.

Réunir en une seule masse la moyenne des débours éventuels, résultant de la marche suivie jusqu'à ce jour.

Diviser cette masse en deux portions :

L'une destinée à l'allégement des charges de l'État, et, par suite, des contribuables qui, seuls et sans déviation, ont jusqu'ici supporté le poids de la totalité de ce fardeau ;

L'autre attribuée à chaque valeur représentative, dans un tel ordre de combinaisons, que chacun y trouvât un véhicule assez puissant pour y concourir par *prédilection*.

Ne reporter aucun de ces avantages sur la tête des prêteurs primitifs, dont le bénéfice réel, en définitive très-*important*, aurait été fondé sur des dispositions antérieures basées sur l'élévation assurée, comme dépendance de l'opération, du cours de toutes les valeurs sur la place.

Peu de mots suffiront pour atténuer la teinte de *merveilleux* de ces aspects.

De ma part, pas de création de moyens, seulement emploi mieux combiné et plus convenant de ceux existans.

Jusqu'ici, l'énorme augmentation de déboursés que supporte le gouvernement, en éteignant ses dettes à des taux supérieurs à ceux de ses émissions, tout en frappant, dans son résultat passif, la généralité des contribuables, n'avait, dans son résultat actif, avantagé qu'un très-petit nombre d'entre eux, et encore, suivant une répartition tellement oscillante et disséminée, que chacun n'en ressentait qu'*insensiblement* ou que *capricieuse-ment* les effets.

Les bases du plan en eussent maîtrisé l'application de telle sorte que chaque partie intéressée eût éprouvé, dans sa coopération, un accroissement d'*attrait* ou de *bien-être*, non-seulement dès l'*entame*, mais, ce qui est bien plus important, pendant toute la *durée* de l'opération.

Pour atteindre ce but, il m'avait fallu, à l'aide de formules nouvelles, qui seules pouvaient abréger la longueur décourageante des calculs indispensables à ce genre de recherches, suivre une marche d'élimination, fondée sur un rapprochement de généralité, qui enfin m'avait amené à une telle coïncidence d'actions coopératrices que, dans la position des choses, la combinaison surnageante eût, suivant moi, atteint pour tout le monde la perfection relative.

Ramenée à ces élémens, l'opération, quoique d'un genre inusitée, ne présentait dans son ensemble et dans ses résultats que des moyens simples, facilement exécutables, et surtout matériellement calculables.

Leur examen approfondi était commandé par l'amour du bien public, qui dirige les dépositaires du pouvoir.

Mais pour l'exécution du plan, il fallait l'existence d'une loi nouvelle.

Dans la position où la dernière opposition plaçait le gouvernement, il put sembler prudent de ne pas courir la chance d'une discussion de cette nature.

Le mal s'augmentait, le danger était prochain ; un

échec dans la demande aurait pu le rapprocher et l'accroître.

L'impérieuse nécessité commanda donc l'ajournement, et détermina à frayer encore les anciens sentiers.

Espérons que de nouveaux besoins ne forceront pas à regretter ce nouvel ordre de combinaisons, dont les avantages, dans l'avenir, n'auraient fait que s'accroître.

Presque en tous genres, les rapports avec ce qu'on pourrait appeler *LES INDISPENSABLES* sont, généralement, d'autant moins *désirables*, que le besoin est le principal mobile de ce genre de convenance de rapprochement.

ACTE DE CONTRITION.

Cet écrit m'avait été dicté par mon ardent désir de voir promptement la France atteindre le *HAUT DEGRÉ DE PROSPÉRITÉ qui lui est assigné*.

Mettre sur la voie avait été mon principal but.

Pour l'atteindre, faudrait-il, *sans réserve*, dire toute ma *pensée* ?

Je m'y détermine.

J'avais annoncé, p. 26, que le mode et la nature de l'emprunt occasioneraient, à la charge des contribuables, une augmentation de sacrifices de plus de 75 millions.

Le fait vrai est que ce fardeau supplémentaire ne peut pas être au-dessous de. . . . . 142,129,047 fr.

Que, très-probablement, même presque certainement, d'après la tendance générale à la hausse, il s'é-
lèvera à. . . . . 254,771,207 fr.

Qu'enfin, pour se trouver complétement libérés, en
vingt-cinq années, d'une dette de 387,054,093 fr., immédiatement exigible, les contribuables seront forcés à
débourser, pendant ces vingt-cinq années, une somme
de. . . . . 1,565,450,000 fr.

en capital, et intérêts, à 5 pour 100, compris.

Pour le démontrer, je vais présenter trois positions
distinctes.

PREMIÈRE POSITION.

*Emprunt à 5 pour 100, amortissable au même taux,
en 25 années.*

Capital dû . . . . 387,054,093 fr.

Arrérages payables, par année, jusqu'à l'achèvement
de l'amortissement. . . . . 19,352,704 fr.

Dotation nécessaire pour amortir la dette, en vingt-
cinq années, au taux de 100 francs par chaque
5 fr. . . . . 8,110,000 fr.

Déboursé annuel des contribuables, pendant 25 années, en arrérages et en dotation.. . . 27,462,704 fr.

Ensemble de la somme des arrérages, et de celle de leurs intérêts au taux légal de 5 pour 100, à l'époque de l'achèvement de l'amortissement. . 923,624,700 fr.

Ensemble de la somme des dotations annuelles, et de celle de leurs intérêts au taux légal de 5 pour 100, à l'époque de l'achèvement de l'amortissement. . . . . 387,054,093 fr.

Total des déboursés des contribuables. . . . . 1,310,678,793 fr.

DEUXIÈME POSITION.

Emprunt par vente de rentes, au taux de 87 fr. 25 c., payables en 20 mois, et amortissables, au même taux, en 25 années.

Capital dû. . . . . 387,054,093 fr.

Arrérages payables, chaque année, jusqu'à l'achèvement de l'amortissement. . . . . . 23,114,516 fr.

Dotation nécessaire pour amortir la dette, en vingt-

cinq années, au taux de 87 fr. 25 c. pour chaque
5 fr. . . . . 7,326,254 fr.

Déboursé annuel des contribuables, pendant 25 années, en arrérages et en dotation.. . 30,441,210 fr.

Ensemble de la somme des arrérages, et de celle de
leurs intérêts au taux légal de 5 pour 100, à l'époque de
l'achèvement de l'amortissement. . 1,103,159,680 fr.

Ensemble de la somme des dotations annuelles, et de celle de leurs
intérêts au taux légal de 5 pour 100,
à l'époque de l'achèvement de l'a-
mortissement. . . . . 349,648,160 fr.

Total des déboursés des contri-
buables.. . . . . 1,452,826,760 fr.

TROISIÈME POSITION.

Emprunt par vente de rentes, au taux de 87 fr. 25 c.,
payables en 20 mois, et amortissables, en 25 an-
nées, au taux de 100 fr. pour chaque 5 fr.

Capital dû.. . . . . 462,290,320 fr.

Arrérages payables, chaque année, jusqu'à l'achèvement de l'amortissement. . . . . 23,114,516 fr.

Dotation nécessaire pour amortir la dette, en vingt-cinq années, au taux de 100 francs pour chaque 5 francs. . . . . 9,686,543 fr.

Déboursé annuel des contribuables, pendant 25 années, en arrérages et en dotation. . . 32,801,059 fr.

Ensemble de la somme des arrérages, et de celle de leurs intérêts au taux légal de 5 pour 100, à l'époque de l'achèvement de l'amortissement. . 1,103,159,680 fr.

Ensemble de la somme des dotations annuelles, et de celle de leurs intérêts au taux légal de 5 pour 100, à l'époque de l'achèvement de l'amortissement. . . . . 462,290,320 fr.

Total des déboursés des contribuables. . . . . 1,565,450,000 fr.

Rapprochement comparatif.

Différence, en PERTE, pour les contribuables, entre la première position, *emprunt au pair, avec amortissement au pair*, et la deuxième position, *emprunt à* 87 fr. 25 c., *avec amortissement au même taux* . . . . 142,129,047 fr.

Différence, en PERTE, pour les contribuables, entre

la seconde position, *emprunt à* 87 fr. 25 c., *avec amortissement au même taux*, et la troisième position, *emprunt à* 87 fr. 25 c., *avec amortissement à* 100 fr. *pour chaque* 5 fr. . . . . 112,642,160 fr.

Différence, en *PERTE*, pour les contribuables, entre la première position, *emprunt au pair, avec amortissement au pair*, et la troisième position, *emprunt à* 87 fr. 25 c., *avec amortissement à* 100 fr. *par chaque* 5 fr. . . . . 254,771,207 fr.

Comparaison d'ensemble, entre la première position, EMPRUNT AU PAIR, AVEC AMORTISSEMENT AU PAIR, et la troisième position, EMPRUNT A 87 FR. 25 C., AVEC AMORTISSEMENT A 100 FR. POUR CHAQUE 5 FR.

Augmentation de dotation annuelle, pendant 25 années, au préjudice de la troisième position. 5,338,355 fr.

Augmentation de déboursé, en capital et intérêts, à l'époque de l'achèvement de l'amortissement, au préjudice de la troisième position. . . . 254,771,207 fr.

Dans un grand État, tel que la France, les moindres DÉVIATIONS FINANCIÈRES peuvent apporter D'ÉNORMES DIFFÉRENCES DANS LES RÉSULTATS.

Cette *vérité* ne saurait être trop *MÉDITÉE.*

Puissions-nous ne jamais mériter le reproche d'avoir eu, dans des objets qui nous intéressaient si immédiate- ment, *DES YEUX POUR NE PAS VOIR*, et *DES OREILLES POUR NE PAS ENTENDRE!*

ARMAND SÉGUIN.

TABLE
PAR ORDRE DE MATIÈRES.

FIN DE LA TABLE.

9 782019 310011